"*Pages actuelles*"
1914-1916

La Représentation nationale au Lendemain de la Paix

MÉDITATIONS D'UN COMBATTANT

> Les têtes des plus grands hommes s'étrécissent lorsqu'elles sont assemblées.
>
> MONTESQUIEU.
> *Lettres persanes.*

BLOUD ET GAY, ÉDITEURS
7, PLACE SAINT-SULPICE, PARIS
35, CALLE DEL BRUCH, BARCELONE

La représentation nationale au Lendemain de la Paix

MÉDITATIONS D'UN COMBATTANT

> Les têtes des plus grands hommes s'étrécissent lorsqu'elles sont assemblées.
>
> MONTESQUIEU.
>
> *Lettres persanes.*

BLOUD & GAY

Editeurs

PARIS, 7, Place Saint-Sulpice

Calle del Bruch, 35, BARCELONE

1916

Les pages que l'on va lire, empreintes d'une sereine philosophie politique, ont été écrites au milieu du bruit de la bataille, d'après des notes emportées en campagne. Elles posent un grave problème. Quelle sera la situation, au lendemain de la paix? Le mouvement qui se dessine en ce moment, non seulement en France mais en Angleterre et en Italie, comme en Suisse et en Espagne, contre les formes actuelles du parlementarisme, finira-t-il sans résultat; aboutira-t-il à des réformes ou bien même, suivant le mot prêté à un député, à « la solution catastrophique » ? — Questions angoissantes traitées ici par un écrivain dont la personnalité nous est un gage de sa haute compétence mais que sa situation actuelle oblige à conserver l'anonymat.

LES EDITEURS

La
Représentation nationale
au
Lendemain de la Paix

> Les têtes des plus grands hommes s'étrécissent lorsqu'elles sont assemblées.
>
> MONTESQUIEU. *Lettres persanes.*

On raconte que le Premier Consul se promenant un jour à Ermenonville, s'arrêta devant le tombeau de Rousseau et se tournant vers l'un de ses officiers : « Il eut mieux valu pour le repos de la France, que cet homme n'eut jamais existé. — Et pourquoi, Citoyen Consul ? — C'est lui qui a préparé la Révolution française. — Je croyais que ce n'était pas à vous, de vous plaindre de la Révolution. — Eh bien ! l'avenir apprendra s'il ne valait pas mieux pour le repos de la terre, que Rousseau ni moi n'eussions jamais existé ».

Et il reprit d'un air rêveur, sa promenade (1).

(1) Stanislas de Girardin. *Mémoires, Journal et Souvenirs.* Visite du Premier Consul à Ermenonville.

Dialogue saisissant dans lequel en même temps que les liens profonds qui l'unissent au grand démagogue, Napoléon semble entrevoir les conséquences lointaines de leur action commune sur le monde, qui aboutit à la formation de la société contemporaine ! L'avenir évoqué par le grand capitaine, parle aujourd'hui, au milieu d'une guerre gigantesque qui, accentuant un mouvement déjà sensible avant qu'elle n'éclate, par un universel besoin d'ordre, de tranquillité, de continuité, d'autorité, semble devoir amener dans les pays démocratiques, au lendemain de la paix, en dehors de tout préjugé, l'examen critique des constitutions modernes et notamment de la forme actuelle du parlementarisme.

On ne peut imaginer que ce conflit unique dans les annales de l'histoire, qui se poursuit sous toutes les latitudes, groupant des armées de toutes les races et de toutes les religions, lançant pour la première fois depuis les invasions primitives, des peuples entiers les uns contre les autres, paralysant ou transformant l'économie de l'univers, n'ait point une répercussion profonde sur la vie des nations, répondant à l'immense lassitude des luttes intérieures qui suivra chez tous, les combats sanglants contre l'étranger. Nulle part, ces désirs ne sont plus sincères, ces appels plus vifs que parmi ceux qui vivent de près ces heures tragiques ; le lecteur en percevra l'écho dans les pages qu'il va lire.

I

Les Origines du Système

Quel est le principe fondamental de nos institutions ?

Dans son édit du mois de février 1776, Turgot, en fidèle disciple de Rousseau, proclamait : « Il n'y a que l'intérêt particulier de chaque individu et l'intérêt général. Il n'est permis à personne d'inspirer au citoyen un intérêt intermédiaire, de le séparer de la chose publique par un esprit de corporation ». Et quelques années plus tard, la trop fameuse loi Chapelié (14-27 juin 1791) interdit définitivement tout groupement formé « sur de prétendus intérêts communs ». Tel fut pendant près d'un siècle, en France et dans une partie de l'Europe, le droit en matière d'associations non financières (1).

C'est que le dogme de la souveraineté populaire se confond dans son fondement, avec le contrat social dont toutes les clauses, suivant Rousseau, se réduisent dans « l'aliénation totale de chaque associé avec tous ses droits, à la commu-

---

(1) Le droit de « coalition » fut reconnu en France en 1865, sous l'influence d'Emile Ollivier.

nauté ». Entre l'individu et l'Etat, tout corps autonome et indépendant ayant disparu, chaque citoyen est censé en vertu d'un quasi-contrat, abdiquer ses droits au profit de la nation, unique dispensatrice de toutes les faveurs.

Quels sont dans le régime moderne, les droits que je possède sans en devoir l'investiture à la loi ? Quels sont les droits que le parlement ne possède point et dont, laboureur sur mon champ ou père de famille pour l'éducation de mes enfants, je puis lui refuser l'exercice ? En réalité, il ne s'agit plus de droit mais de majorité ; toute la Révolution tient dans ces mots. Faut-il appuyer cette thèse de citations ? Celui qui — bien mieux que Victor Hugo — méritait le titre « d'écho sonore » de la démocratie, Gambetta, proclamait au Corps législatif, le 5 avril 1870 : « La philosophie politique veut que le peuple soit considéré comme la source exclusive, sans cesse renouvelée, de tous les pouvoirs, de tous les droits. La toute puissance réside dans la souveraineté nationale. Il n'y a pas de droits contre le droit ». Paraphrase de la formule de Rousseau : « Les lois faites par le peuple ne peuvent être injustes (1). »

De son côté, le plus philosophe des écrivains socialistes, Proudhon, marquant le gouffre qui sépare la loi ancienne de celle d'aujourd'hui, l'une consacrant les droits que l'autre prétend créer, opposait la doctrine chrétienne de transcendance qui assigne au principe moral et à la société,

____

(1) *Contrat social*, L. III, ch. VII.

une origine supérieure à l'homme, à la doctrine moderne d'immanence qui fait dériver, au contraire, tous les rapports sociaux de la société même. Et, apercevant tout de suite, les conséquences ultimes de cet état de choses, il ajoutait : « La question est entre la Révolution et l'Eglise, question fatale qui n'admet point déclinatoire » (1).

Pas plus que les individus, le passé ne s'impose au respect de la nation qui dans un incessant labeur, défait et refait sans cesse son œuvre, bouleversant toute la législation sans souci d'aucune tradition comme si - suivant un mot célèbre — le peuple n'était composé que de citoyens naissant enfants trouvés et mourant célibataires. Mais tel est le dogme et il faut s'y soumettre, la nation restant toujours libre « de changer ses lois, même les meilleures ; car s'il lui plaît de se faire mal à elle même, qui aurait le droit de l'en empêcher ? » (2).

Rousseau ne se faisait guère d'illusion sur la valeur pratique de semblable gouvernement et ceux qui ont élevé ses rêves à la hauteur de dogmes, devraient méditer cette réflexion de leur prophète dans son Coran : « A prendre le terme dans la rigueur de l'acception, il n'a jamais existé de véritable démocratie et il n'en existera jamais. *Il est contre l'ordre naturel que le grand nombre gouverne et que le petit soit gouverné...* S'il y avait un

(1) Proudhon. *De la justice dans la Révolution et dans l'Eglise.* Introduction.
(2) *Contrat social,* L. II, ch. XII.

peuple de dieux, il se gouvernerait démocratiquement ; un gouvernement si parfait ne convient pas à des hommes » (1).

L'organe de la souveraineté nationale s'appelle le suffrage universel.

Contrat social renouvelé périodiquement, il aboutit à constituer une assemblée omnicompétente car la nation sait tout, et elle est la nation ; omnicréatrice car le peuple est la source de tout, et elle est le peuple ; omnipotente car le droit peut tout, et elle est le droit. Le vœu exprimé par Bodeau comme par tous les philosophes du xviiie siècle, se trouve ainsi réalisé : « L'Etat fait des hommes tout ce qu'il veut ».

Théories d'inspiration nettement germanique qui trouvent leur expression définitive dans la philosophie de Hegel : « L'Etat est l'idée morale réalisée, la volonté divine présente, incarnée, universelle, l'infini et l'absolument raisonnable, le tout esprit ; en d'autres termes, c'est la puissance absolue sur terre, le Dieu terrestre, le Dieu réel » (2).

(1) *Contrat social*, L. III, chap. IV.
(2) *Philosophie des Rechtes*, VIII, § 257 et suiv.

II

Un Dilemme
Autocratie collective ou dictatoriale

Pareil système politique ne peut recevoir qu'un seul nom : c'est un régíme d'absolutisme sans limite, sans précédent, sans égal sinon dans l'Empire romain ou le collectivisme.

Absolutisme démocratique ou dictatorial, aspects différents d'une seule et même chose, reflets variés d'un même état social, dans lequel la suppression de tout organisme intermédiaire entre les citoyens et le pouvoir central, amène la toute-puissance de celui-ci, qu'il se personnifie dans un homme par le plébiscite ou se résume dans une assemblée par le suffrage universel.

Que semblable forme de gouvernement puisse revendiquer comme un drapeau, la Liberté, c'est là un paradoxe phénomémal qui ne peut s'expliquer que par une altération profonde de la signification des mots. Et il n'est pas sans intérêt, de constater qu'en effet, au cours de l'histoire, la notion de la liberté s'est transformée.

En droit moderne, le mot offre un sens purement négatif ; il représente une *absence de liens* et se confond avec l'indépendance, laquelle — remarquons-le en passant — peut se concilier avec la démagogie comme avec la dictature, car quel que soit le régime politique, les hommes les uns par rapport aux autres, peuvent rester indépendants. Cette indépendance, dans la conception primitive de Rousseau et de la Révolution, devait être absolue, farouche, solitaire, exclusive de toute entrave, même familiale, le mariage ne constituant dans la pensée de l'auteur du *Contrat Social*, qu'une union toute passagère et sporadique.

Toute autre était la notion de la liberté au moyen-âge : l'homme, être sociable par nature et par faiblesse, n'atteint son plein épanouissement qu'en s'appuyant sur ses frères. Il naît au sein d'un premier groupement, la famille, et ses besoins l'amènent bientôt à en former d'autres. L'association ne constitue, en définitive, que le rayonnement de sa personnalité et sa liberté est faite des droits individuels, familiaux ou corporatifs qui lui sont reconnus, comme les mots mêmes l'indiquent : les « libertés » se confondent avec les « privilèges » ou droits concédés aux cités ou aux particuliers.

Au lieu d'une base purement négative, la liberté ou mieux « les libertés » s'appuient donc ici, sur un fondement tout positif et concret, un ensemble de droits, et pour souligner d'un mot la distance qui sépare ces deux conceptions, nous dirons que la liberté du moyen-âge, était *organique;* la liberté moderne est *anarchique.* Liberté vaine, puisque — nous venons de le voir — elle disparaît devant la toute puissance de l'Etat et du parlement.

Peut-être s'apercevra-t-on un jour, qu'un parlement n'est pas une nation et qu'une assemblée compétente pour tout, risque de n'être compétente pour rien ; que l'idée de 800 députés représentant chacun, la totalité d'un pays et non les citoyens qui les ont élus (1), est une conception à la fois absurde et nécessaire dans le régime moderne ; qu'on ne représente point une multitude amorphe et sans cohésion mais des organismes constitués ; que le peuple n'est ni un fou ni un incapable et que par conséquent, il ne saurait être question de le remplacer dans sa personnalité, mais uniquement dans la manifestation particulière de l'une de ses activités ; qu'on ne représente pas des *hommes*, mais des *intérêts*, non pas une abstraction vide mais une volonté agissante.

Renan écrivait à M. Berthelot, le 26 février 1871 : « La France s'est trompée sur la forme que peut prendre la conscience d'un peuple. Un tas de sable n'est pas une nation ; or, le suffrage universel n'admet que le tas de sable sans rapports fixes entre les atomes. Nous avons ainsi détruit les organes essentiels d'une société et nous nous étonnons que la société ne vive pas ». Et, bien avant Renan, Chamfort disait déjà, qu'il n'y avait plus de nation « pour la raison bien simple que la charpie n'est pas du linge ».

(1) Ce principe est consacré par presque toutes les constitutions modernes.

Le parlement nous donnera-t-il au moins, dans ses assises, un spectacle digne de la majesté de sa mission? Les plus beaux talents s'y rencontrent mais en vertu même du système, à part de rares moments de danger public, ils sont parqués dans des partis adverses et ce ne serait point là sans doute, l'un des moindres étonnements de quelque Marsien égaré sur notre planète, de constater que l'effet naturel, voulu, prévu, du principe politique est de dresser les uns contre les autres, des hommes si bien préparés sous tant de rapports, pour collaborer à la grandeur de leur pays et selon l'expression du grand peintre de ce régime, de les plonger dans un « bain de haine » au moment où ils franchissent les portes de cette assemblée souveraine, sur laquelle semble s'épandre incessamment, dans une clarté trouble et jaunâtre, une pluie de fiel en dissolution.

Est-ce là la constitution normale d'une société ?

Ces haines et ces disputes dans le parlement, ne sont que l'aboutissement et l'écho des divisions profondes autant que factices, créées par le régime dans tout le pays dont il fait un champ de bataille, coupé en deux ou trois camps retranchés, en maintenant à l'état endémique, une sorte de guerre civile légale.

De là, tous les trois ou quatre ans, ces agitations dangereuses qui secouent toute une nation en paralysant pour quelques mois, sa prospérité; ces cris et ces tumultes ; ces rages de partis qui se mordent, car le peuple ne comprend point les questions complexes, et c'est la loi du suffrage universel de poser à son tribunal, des questions extrêmement simples et néanmoins, presque toujours vitales. Tôt ou tard, cette loi finit par pénétrer les partis et c'est sur ces principes essentiels à la vie ou à la mort d'un peuple, qu'ils basent leurs rivalités, leurs programmes et leurs revendications. L'histoire parlementaire de l'Europe est la preuve écrite de cette vérité. Encore un coup, est-ce là, la constitution naturelle, normale et saine d'un Etat ?

Le bon sens de certains peuples a pu, dans une certaine mesure, atténuer les conséquences néfastes de ce système, mais les causes tendent toujours à leurs effets naturels et l'inflexible logique de l'esprit latin recherche les conclusions des prémisses posées.

Ces spectacles nous sont si familiers qu'ils ont cessé de nous surprendre, mais nos enfants peut-être, partageront l'étonnement du Marsien de tout à l'heure. Déjà, la jeunesse la meilleure désabusée des formules creuses, fuit la vie politique qu'elle méprise, et le symptôme doit arrêter l'attention la plus sérieuse : un régime dont la jeunesse se détourne est bien près d'être condamné.

Ces prodromes de dissolution reparaîtront au lendemain de la guerre, accentués sans doute, par les leçons de la veille aussi bien que par les impérieuses nécessités du moment.

Que résultera-t-il du besoin de discipline et d'autorité que les peuples ne pourront manquer d'éprouver ? Les verra-t-on, dans l'horreur de l'anarchie, souhaiter l'ordre dans la dictature pour revenir dans la suite, suivant l'ironique prédiction de Machiavel dans *Le Prince*, à l'anarchie par crainte du despotisme ? Dans un cahotement perpétuel, le monde est-il condamné à être balloté entre ces deux extrémités et des esprits profonds comme Joseph de Maistre, Donoso Cortès ou Taine, avaient-ils donc raison de ne point envisager la possibilité, pour les nations modernes, d'échapper à l'alternative de ressembler à une bande d'énergumènes ou à un couvent spartiate ?

Les annales de l'avenir répondront à ces questions en racontant ce qui sera ; contentons-nous modestement, en consultant celles du passé, avec l'indépendance d'esprits libres, sans parti pris d'éloge ou de dénigrement, de rappeler ce qui fut. Elles nous diront si le dilemme est sans issue et s'il n'existe point d'autres possibilités.

III

Regard vers le passé

Les nations modernes, par l'organe des parlements, légifèrent ; les nations du Moyen-Age par l'intermédiaire des corps d'Etats, s'administraient. Ainsi, peut-on marquer de deux mots, la différence fondamentale qui sépare les constitutions actuelles de celles de jadis. L'unité législative est le résultat de la souveraineté reconnue au peuple, c'est-à-dire à la masse confuse des individus qui le compose et aboutit à l'assemblée toute-puissante que nous avons décrite, dominant les deux autres pouvoirs, destinés à l'origine à lui faire contre-poids, ce qui faisait dire à Swift qu'un moineau détruirait la constitution en se posant sur l'un des trois pouvoirs, dont il détruirait par là l'équilibre.

Toute autre était l'organisation ancienne caractérisée par l'autonomie législative la plus étendue :

« Trois ordres, trois chambres, trois délibérations ; c'est ainsi que la nation est représentée. Les lois du royaume ne peuvent être faites qu'en générale assemblée, avec le commun accord des gens des trois Etats. Le Prince ne peut déroger à ces lois » (1). Mais que l'on ne s'y trompe point, ces lois, règlements fondamentaux rarement modifiés, n'avaient qu'une parenté lointaine avec celles que produisent à jet continu, nos parlements et ce serait une erreur de chercher l'origine de ceux-ci dans nos vieux Etats généraux.

A part de rares circonstances où un péril national faisait des Etats, l'organe spontané de la nation (2), ils ne se reconnaissaient point d'attributs

---

(1) *Développement des principes fondamentaux de la Monarchie française*, 1 vol. in-8°, publié en 1795, p. 364.

(2) En voici quelques exemples :

En 1576, les Etats de Blois refusent à Henri III, les res-

souverains. Les Etats n'étaient pas un pouvoir ;
ils étaient une limite, un contrôle, un conseil.

« N'impose qui ne veut », répondaient fièrement
les villes du Moyen-Age aux prétentions exagé-
rées de la Royauté, et c'est de ce principe, que
devait naître la célèbre institution. Le souverain
ne disposant d'aucune ressource financière en
dehors de son domaine privé, se voit obligé de
demander aux seigneurs, comme à ses « bonnes
villes », de consentir certains sacrifices en échange
de privilèges. Représentants des seigneurs et des
villes s'assemblent pour délibérer ; ce sont les
premiers Etats. Le « consentement » de l'impôt
avec comme conséquence naturelle, la discussion
de son emploi, est leur rôle essentiel.

Ainsi, au pouvoir du souverain, une première
restriction est apportée, mais ce n'est ni la seule,
ni la plus importante. Les Etats ne sont point
toujours réunis ; leurs droits sont méconnus souvent, mais à côté d'eux, vingt autres autorités
législatives se dressent, point réunies en un même
lieu, mais disséminées par tout le pays ; non res-
treintes dans leur activité par des sessions irrégu-

sources nécessaires à la lutte contre les protestants et
demandent compte des gaspillages du Trésor.

En 1588, dans la même ville, les Etats, après avoir exclu
de la succession au trône, le Roi de Navarre, rejettent le
budget des recettes et dépenses présenté par le Roi et
révoquent d'office 35 officiers des finances.

En 1593, le Roi d'Espagne, Mayenne et le futur Henri IV
envoient des ambassadeurs aux Etats de Paris pour décider
de la succession au trône.

lières, mais siégeant à l'état permanent ; nullement arrêtées à des formes quelconques, mais pliant leurs règlements à chaque nécessité, à chaque besoin constaté : clergé, noblesse, corporations industrielles et commerciales, corps d'Etat, groupant dans leur sein tous les grands intérêts de la nation qu'ils gèrent directement, vivant la loi avant de l'édicter.

Ce n'est point tout encore, et en l'absence du droit écrit, tout citoyen devient législateur car chacun contribue à créer le précédent d'où naît la coutume qui pieusement recueillie, prend une force juridique (1), le souverain n'apparaissant — comme Charles VII dans son Ordonnance de 1453 — que pour transcrire d'abord et homologuer ensuite, l'œuvre du peuple tout entier. C'est la règle constitutionnelle en France : *Lex fit consensu populi ac constitutione regis.*

De toutes parts, le pouvoir central apparaît donc enlacé dans un réseau d'organismes secondaires exerçant une action autonome et décentralisée, et cet état de choses persista même après que la Royauté française, rompant avec les traditions de l'ancienne monarchie, eut cessé de réunir les Etats et achevé son œuvre de centralisation. Louis XIV était plus libre qu'un gouvernement moderne dans la gestion des intérêts généraux du Royaume, étant assuré de n'être point interpellé

____

(1) La remarque est de G. Hanotaux auquel sont empruntés une partie de ces détails historiques. — *La France en 1614.*

sur sa politique étrangère, par un député élu au suffrage universel, mais il était mille fois moins puissant que n'importe lequel de nos ministres dans son action sur les droits particuliers, individuels ou collectifs, ne pouvant toucher aux « libertés, privilèges et coutumes », solennellement consacrés par ses ancêtres.

Si l'on suppose quelque artisan du Moyen-Age revenant de nos jours, on peut être assuré qu'il jouirait grandement des commodités diverses que notre monde lui offrirait et surtout de la sécurité dont l'absence pesa si lourdement sur les populations du Moyen-Age, mais à côté de ces avantages et les annihilant peut-être, la centralisation moderne ferait peser sur sa tête, une atmosphère de prison cellulaire. « Quoi ! le père de famille si respecté de mon temps, n'a plus de sanction à son autorité méconnue et c'est à peine, s'il peut décider de l'éducation à donner à ses enfants ; le villageois n'a plus qu'un titre précaire à la gestion de la commune, l'artisan n'en a plus aucun à celle de sa profession et, en échange du pouvoir réel de jadis sur la direction de nos affaires privées, on nous reconnaît, comme s'il s'agissait d'un attribut souverain, je ne sais quel pouvoir aussi solennel que vain, sur les affaires publiques, se traduisant dans un éphémère bulletin de vote ! Au lieu d'un droit restreint, mais effectif, un droit plus étendu mais illusoire ! La réunion périodique des Etats groupant les représentants de tous les intérêts sociaux qu'ils sont chargés d'administrer, dans des assemblées particulières, sous le contrôle de l'autorité centrale, ferait bien mieux mon affaire »...

Peut-être serait-il intéressant, au lieu de l'imaginaire bourgeois du Moyen-Age, de consulter sur la même question, ses confrères d'aujourd'hui : financiers, dont une inexperte intervention d'un gouvernement d'un jour, expose la situation en même temps que le crédit public ; industriels, menacés par une législation sociale d'inspiration généreuse, mais trop générale pour suffisamment s'adapter aux différentes situations ; ouvriers, dont la cause serait plus efficacement sauvegardée par une entente directe avec le patronat dans des associations réunissant les deux facteurs de la production ; membres de toutes les professions, représentants de tous les métiers qui aspirent à voir les revendications professionnelles supplanter les vaines et stériles luttes politiques.

IV

Unité et liberté

Ne répondons point à ces questions, mais constatons que tandis que la surface plane des sociétés modernes offre un terrain toujours propice aux révolutions comme aux coups d'Etat — ces frères

germains — et aboutit à un absolutisme indivi-
duel ou collectif, personnel ou anonyme, cette
abdication de toutes les volontés au profit d'un
maître ou d'une assemblée qui en les personni-
fiant, les confisque, était rendue impossible dans
une société où au sein de corps constitués, tous
les intérêts trouvaient à la fois, leur expression,
leur sauvegarde et leur défense. L'on conçoit le
mot de Montesquieu : « Je ne crois pas qu'il y ait
eu sur la terre, de gouvernement si bien tempéré » (1).

Et sans doute, ce régime présentait de nom-
breux et graves défauts, qui en dehors des violen-
ces ou des abus de pouvoirs fréquents, se résu-
ment en un mot : le particularisme. Chaque
province, chaque localité, voire chaque châtelle-
nie, a son droit propre, et une époque viendra au
début du xviiᵉ siècle, où l'on considèrera comme
un grand progrès que la France ne compte plus
que deux cents législations différentes !

C'est là, l'effet naturel de l'autonomie des groupements locaux dans un pays dépourvu de moyens
de communication rapides où au-dessus des droits
particuliers, un même droit général n'a pu
s'imposer.

Mais le problème est plus vaste et il pose la
question délicate des relations des deux forces
opposées d'unité et de liberté, liberté diverse par
nature, unité autocratique par tendance. Au

(1) *Esprit des Lois*, L. XI, ch. VIII, p. 270. OEuvres com-
plètes. Paris, Firmin-Didot, MDCCCXXXVIII.

Moyen-Age, l'autonomie locale et professionnelle à côté de l'admirable efflorescence d'activités spontanées, a pu menacer comme un dissolvant, l'idée nationale en formation : l'unité était sacrifiée à la liberté. Aujourd'hui, semblable danger est devenu impossible et la pensée même n'en saurait être soutenue, mais allant d'un seul bond, au système diamétralement opposé, les constituants modernes ont supprimé tout obstacle à l'action envahissante de l'Etat et les conséquences ne se sont point fait attendre, l'atonie des organes secondaires au profit de la tête : la liberté est sacrifiée à l'unité.

V

Une solution

C'est qu'une conception toute nouvelle de la société politique a prévalu. Au lieu d'un ensemble d'organismes naturels, elle sera désormais un mécanisme arbitraire plus ou moins adroitement agencé ; au lieu d'un tout composite, *cœtus ordinatus*, disait Cicéron, elle deviendra un corps simple fait d'une masse confuse de citoyens séparés les uns des autres. Pour atteindre ce but, entre le citoyen et l'Etat, tous les intermédiaires seront écartés, les vieilles provinces supprimées, les associations dissoutes, la famille même, dernier centre de résistance, ébranlée dans ses fondements (1) ; tous les membres ont été brisés et suivant la forte parole de Talleyrand, « la Révolution a désossé la France ». L'Etat présente une surface absolument symétrique et unie et rien ne sépare plus l'individu isolé et sans force, de l'Etat tout-puissant et despotique. De lui, de lui seul, peut venir le remède à tous les maux, le secours dans tous les besoins, et la perspective se dessine immédiatement : étatisme aujourd'hui ; collectivisme demain. Ironie des choses ! Le triomphe de l'individualisme aboutira donc à un régime qui consacre l'anéantissement des individualités ! Conséquence naturelle d'ailleurs, déjà entrevue par Malouet au moment de la Révolution : « Vous donnez continuellement au peuple, la tentation de la souveraineté sans lui en confier immédiatement l'exercice » (2).

Telle était la doctrine religieusement acceptée par nos pères et sur laquelle, un siècle a passé. Qu'en reste-t-il aujourd'hui ?

Au lieu de la grande plaine uniforme et aride, de toutes parts, apparaissent et grandissent de

______

(1) Napoléon écrivait à son frère Joseph, en 1806 : « Etablissez le Code Civil à Naples ; tout ce qui ne vous sera pas attaché va se détruire en peu d'années... C'est ce qui m'a fait prêcher le Code Civil et m'a porté à l'établir. » *Mémoires et Correspondances du Roi Joseph*, t. II, p. 275.

(2) Discours de Malouet, 5 août 1791, Bouchez et Roux, VI, 237.

vivantes oasis : syndicats, mutualités, contrats collectifs, groupements régionaux, confréries, associations de tout genre qui répondent à tous les besoins, presque à tous les caprices. Les socialistes eux-mêmes entraînés par l'universel courant, se voient contraints de créer des syndicats ouvriers et donnent le curieux spectacle d'un parti dont l'idéal est l'absorption de toutes les activités dans l'Etat et qui choisit pour instrument de combat, des groupements dont l'existence seule est un obstacle à l'action centralisatrice.

Ainsi l'hydre pour subsister, est obligée de se dévorer elle-même.

Tous ces faits, toutes ces tendances sont la réponse de la réalité à l'utopie. L'homme n'est pas l'être congénitalement bon que Rousseau nous avait dépeint ; l'Etat n'est pas une juxtaposition de molécules identiques et indépendantes les unes des autres, un rassemblement chaotique d'êtres semblables trouvant leur expression dans un dictateur ou dans un parlement. On avait pour atteindre ce résultat et coûte que coûte, adapter le corps social à la théorie, forcé la nature, brisé les membres, rompu les os. Et malgré tout, la nature reprend le dessus ; l'ossature se reforme. Chaque association créée quelqu'en soit la nature ou l'objet, constitue un défi à l'idée révolutionnaire en même temps qu'une étape dans la voie de la décentralisation parce qu'elles forment toutes, dans une mesure quelconque, des corps autonomes, ayant une activité propre en dehors de celle de l'Etat.

Laissons grandir ces organes d'un corps nouveau en formation et gardons-nous de ressembler à ces bonnes gens, dont se riait déjà Platon, qui se figurent que les nations se constituent et se transforment au gré des caprices, « avec une plume et un peu d'encre » (1).

Le rôle de l'homme d'Etat se borne à seconder le lent travail de l'évolution naturelle ; le reste est l'action du temps qui ne respecte que les œuvres marquées de son empreinte, et de Celui qui a fait les nations guérissables, *fecit nationes sanabiles*.

Cependant, sous peine de se borner à de stériles critiques, certaines précisions sont nécessaires. Beaucoup d'écrivains et d'hommes politiques ont préconisé comme remède aux maux dont souffre le parlementarisme, la représentation professionnelle destinée d'après ses partisans, à amener dans les assemblées législatives, les compétences qui leur font défaut.

L'idée est bonne car l'on considère en général, que le recrutement d'une assemblée quelconque est lié à son affectation et l'on n'imaginerait point de réunir des astronomes pour discuter l'art des perruquiers. Mais les constituants modernes ont cru pouvoir se soustraire aux règles du bon sens, comme à toutes les autres, et la plus étonnante opposition se manifeste entre la fonction et la composition de nos Parlements, qui ont comme objet, la discussion *d'intérêts* et comme, membres

(1) Ἐν ὕδατι μέλανι διὰ καλάμου.

les représentants *d'opinions*. Intérêts nationaux et opinions politiques sont cependant, deux facteurs tout à fait différents et difficiles parfois, à conjuguer ; aussi, le résultat de cette contradiction ne se fait-il point attendre : les députés sont souvent des astronomes.

Mais si la conception d'une représentation professionnelle est juste, le moyen est inefficace ; il se heurte à d'irréductibles difficultés pratiques et aboutit à cette contradiction d'introduire les représentants d'intérêts spéciaux dans des assemblées chargées des intérêts généraux. Le but — croyons-nous — doit être atteint par une autre voie : la *décentralisation législative*.

Supposons au lieu d'un parlement unique, quatre ou cinq Chambres représentant chacune l'un des grands intérêts nationaux : Chambre d'agriculture ; Chambre des Finances ; Chambre de l'Industrie et du Travail, etc... Au-dessus de ces parlements au petit pied, le pouvoir souverain gère directement les intérêts généraux de la nation mais il ne peut toucher à aucun des intérêts spéciaux dont chacune des Chambres a la garde, sans l'intervention de celle-ci.

Voici donc que le pouvoir n'est plus divisé. Fâcheuse idée, disait Bluntschli, que de séparer la tête du corps pour en faire son égal ; c'est tuer l'homme.

Si l'on se dégage résolument des conceptions modernes, on ne peut, en effet, s'empêcher de trouver étrange et presque paradoxale, la prétention de sectionner la souveraineté en deux ou trois tronçons juxtaposés et en lutte constante, en dépit de l'axiome ancien qui conseille de diviser ses adversaires pour en diminuer la puissance ; ce principe de faiblesse pour autrui, pourrait-on se l'appliquer à soi-même, comme une source de force ?

L'anomalie a disparu. Le pouvoir, dans la plénitude de sa responsabilité, assure les destinées de la nation ; le pouvoir est unifié, mais loin d'être illimité — nous venons de le voir — il ne peut prendre de décision de quelque importance, concernant l'agriculture par exemple, sans le concours des représentants autorisés de cette branche de l'industrie nationale qui exerceront sur l'action gouvernementale, un contrôle beaucoup plus sérieux que celui de nos parlements.

Ainsi, les situations se trouvent renversées : au lieu d'une souveraineté divisée et d'un parlement unique, une souveraineté unique et un parlement divisé, celui-ci se trouvant ramené à sa fonction normale d'organe de contrôle et de limite.

Quelles vont être les conséquences du nouvel état de choses ?

— Voici un grand industriel ; il est l'honneur du pays, dont il a assuré l'expansion au loin, et cependant, si l'on cherche quelle est aujourd'hui, sa part contributive à la direction des affaires publiques, on constate qu'elle se réduit à la disposition d'un éphémère et illusoire bulletin de vote. Il va le troquer contre le droit permanent de surveiller et de diriger les grandes questions touchant à l'essor économique de la nation et il en sera de même, chacun dans sa sphère, de l'agriculteur ou du financier, etc. Le nouveau système a donc pour premier résultat, d'amener à la chose publique, le concours de chacun, en raison et dans la mesure de sa compétence, les ministres eux-mêmes, étant tout naturellement choisis parmi les membres des différentes Chambres. Les voilà constituées. Ces spécialistes, réunis pour la discussion d'intérêts spéciaux qui sont *leurs intérêts*, ne perdent point leur temps en vains bavardages. Organe d'administration, bien plutôt que de législation, telle une assemblée d'actionnaires, ils géreront sous la surveillance de l'autorité centrale, une partie du patrimoine national. N'est-ce point là un nouveau progrès ? Et ne peut-on légitimement espérer d'autre part, que cette répartition des citoyens, d'après leurs intérêts et leurs fonctions, amènerait la disparition progressive des partis politiques et des luttes lamentables qui en sont le corollaire, en même temps que la formation de ces grands cadres entraînerait dans leur sein, le rapprochement des éléments ainsi juxtaposés, en faisant apparaître clairement au capital aussi bien qu'au travail, au-dessus des intérêts particuliers qui les séparent, l'intérêt supérieur qui les unit et forme entre eux, commun dénominateur ?

Bien loin d'une diminution de ses droits politiques, le monde ouvrier trouverait dans ce régime, l'assurance de voir ses intérêts traités dans des assemblées plus compétentes où il aurait ses représentants attitrés et garderait d'ailleurs, comme le reste de la nation, son action sur la direction des affaires générales par le vote des budgets.

Le pouvoir central de son côté, assisté dans la rédaction des textes par un Conseil d'État réunissant les meilleurs jurisconsultes, dirigerait le pays avec une continuité de vues, un sens des traditions et un secret que l'intrusion constante de parlementaires souvent incompétents et l'instabilité ministérielle inhérente au régime, rendent impossibles à réaliser aujourd'hui.

Ainsi, l'institution de foyers puissants d'activités autonomes a pour conséquence d'opposer aux constitutions parlementaires, unitives et absolutistes, la notion toute différente d'un État décentralisé et d'un gouvernement tempéré.

VI

Les vices du régime

La crise du parlementarisme était ouverte avant la guerre et en dehors de la jeunesse détournée par sa noblesse naturelle, de ces luttes intestines, des esprits réfléchis appartenant à toutes les nuances de l'opinion, avaient dénoncé le mal sous ses divers aspects.

Dans un livre charmant dont on pourrait dire

en détournant le sens d'un mot de l'Ecriture, que
le paradoxe y forme le sel de la vérité, Emile
Faguet raillait comme le caractère spécifique de
nos démocraties parlementaires, *le culte de
l'Incompétence* et peut-être y avait-il dans ces
critiques, une part d'injustice. Pour remplir cons-
ciencieusement sa tâche, un député devrait pos-
séder une érudition aussi universelle que la mission du parlement : juriste, sociologue, homme
de lettres, artiste, historien, économiste, stratège,
ingénieur, que sais-je encore? Plutôt que de chercher ce Pic de la Mirandole qui lui serait sans
doute inaccessible, peut-on reprocher à l'ouvrier
de choisir un mandataire dont l'horizon, fait à
l'image du sien, s'arrête au pourtour étroit d'un
village ou aux quatre coins d'un atelier enfiévré?
N'accusez point ici, le culte de l'incompétence
car ce même ouvrier ferait preuve demain, d'un
rare bon sens s'il était appelé à désigner autour
de lui, un représentant de son activité professionnelle.

Au nom du syndicalisme socialiste, Georges
Sorel s'attaquait de son côté, avec toute l'audace
de son violent talent, aux parlementaires
« bruyants, bavards et menteurs » (1).

Enfin, quelques mois avant les hostilités, parais-
sait un ouvrage retentissant, écrit par l'un des
chefs du parti socialiste, aujourd'hui ministre —
Marcel Sembat — où plutôt que la forme républi-
caine, tous les Etats parlementaires se trouvaient

(1) *Réflexions sur la Violence*. Paris, Rivière.

atteints, étant, suivant l'auteur, désarmés au milieu des crises les plus graves et obligés pour vivre, à abdiquer leur passé de gloire :

« La guerre exige une *tension d'énergie gouvernante* plus élevée que celle qu'exige la paix. Or, la République, chez nous » — lisez : l'Etat parlementaire, partout — « n'est même pas capable jusqu'ici, de mener à bien l'administration du pays en temps de paix. Elle n'y réussit que médiocrement et tout notre effort ne peut que la hausser à cette capacité. Donc, inférieure aux tâches de la paix, elle est hors d'état d'entreprendre et de mener à bon terme, une politique belliqueuse (1). »

Les leçons de la guerre ne pouvaient qu'accentuer ce mouvement, et il est bien intéressant de suivre la campagne contre le parlementarisme, menée depuis quelques mois, dans les pays neutres, spectateurs attentifs de la grande lutte dont M. Maurice Muret résume les conclusions dans la *Gazette de Lausanne :* « Autorité et compétence en haut, liberté et contrôle en bas... L'homme d'Etat qui saura corriger, dans ce sens, les démocraties modernes — la Belgique inclusivement — aura bien mérité de l'Europe et du monde (2). »

Parmi les nations belligérantes, la tendance est plus caractéristique encore et se manifeste aussi

(1) *Faites un Roi, sinon faites la paix.* Paris, Figuière, p. 73.

(2) *Gazette de Lauzanne*, 2 novembre 1915.

bien en Angleterre que dans les milieux français et belge. Bornons-nous — parmi tant d'autres — à deux citations. Dans le *Temps*, M. Roland de Marès, directeur de l'*Indépendance belge*, décrit « l'esprit nouveau » de ses compatriotes :

« Les Belges partent de cette idée que lorsque le Roi Albert rentrera victorieux à Bruxelles, ils devront construire leur édifice depuis la base, comme le firent les hommes de 1830; ils devront reprendre l'œuvre à ses débuts et lui donner des assises telles que l'unité nationale se trouve scellée pour les siècles. »

Enfin, dans l'*Echo de Paris*, après Maurice Barrès, René Bazin écrit ces lignes admirables :

« Il est impossible de soutenir que nous aurons dû le salut à notre organisation. Nous le devrons à la mystérieuse, à la providentielle renaissance des dons de la race. Si l'on ne tient pas compte des défaillances et des taches qui sont en un certain sens, négligeables, on peut dire que la France combattante, mise tout à coup en présence des armées ennemies et en péril de mort, s'est retrouvée telle que le monde l'avait connue aux plus grands jours de son histoire et qu'elle étonne tous ceux qui la voient, comme un enfant qui naît et dont le visage rappelle les traits d'un ancêtre lointain. Mais cette merveille, qui n'est point unique dans nos destinées, n'empêche pas tous les hommes de bon sens d'apercevoir et de convenir que nous ne saurions revenir à la politique ni aux mœurs d'avant la guerre. Appauvrie, en partie couverte de ruines et en partie dépeuplée, *la France ne sera véritablement victorieuse que si la victoire ne la divise pas* (1). »

La victoire qui ne divise pas ! Magnifique programme applaudi par toute la jeunesse, à quelque nuance qu'elle appartienne, mais dont on ne peut attendre la réalisation d'un régime qui repose sur l'axe des luttes d'opinions. Au lieu des divisions de partis, prenons donc comme point de départ et comme fondement, l'union des intérêts. Comment cette conception pourrait se réaliser, nous avons essayé de l'indiquer en quelques traits, nous inspirant des leçons du passé et des besoins ressentis, sans avoir aucunement la prétention de fixer des textes, ni même de définir une pensée arrêtée dans tous ses détails. Précisons-en, une dernière fois, la portée, sans craindre les répétitions, en passant des effets aux causes et du mal constaté au remède entrevu.

Le parlementarisme enlève toute continuité à la politique d'un pays ; il exclut, par définition, tout gouvernement ferme et durable dont la liberté permette de réfléchir et la stabilité d'organiser.

Le parlementarisme n'est point l'image de la nation ; il tend — sans y parvenir — à représenter exactement les divers partis politiques, mais leurs vaines querelles n'ont qu'un lointain rapport avec

(1) Article intitulé : « Réfléchir ! » *Echo de Paris*, du 21 mars 1916.

la vie profonde d'un pays faite de la prospérité ou
de la décadence de l'agriculture, de l'industrie et
du commerce, du bien-être ou de la misère des
classes nécessiteuses. Au lieu de conservateurs,
de radicaux ou de progressistes, il importe beaucoup plus d'assurer la représentation adéquate de
propriétaires, de patrons et d'ouvriers.

Le parlementarisme est illogique et contradic-
toire, dans sa composition et dans son objet,
ayant comme but, la discussion d'intérêts, et
comme membres, les représentants d'opinions.
La différence est grande s'il est vrai — comme on
l'a dit — que pour représenter un intérêt, il faut
le connaître, alors que pour représenter une opinion, il suffit de la partager.

Le parlementarisme, au lieu de concours dé-
voués, entoure le pouvoir d'appétits féroces.
Qu'attendre d'une association où tout collabora-
teur est un compétiteur ?

Le parlementarisme dont la mission est universelle, aboutit à une universelle incompétence
qui apparaît dans la formation d'une série de
commissions spéciales destinées à remédier en
partie, à ce vice du système.

Le parlementarisme repose sur l'erreur fondamentale qu'un pays se résume dans une assemblée dispensatrice de toutes faveurs, source de
tous droits, maîtresse de toutes les destinées fa-
miliales, corporatives, régionales, nationales.

Le parlementarisme suppose des dissensions
intestines ; il les alimente, les ranime quand elles
tendent à s'apaiser et offre le lamentable spectacle

de nations qui — tel l'oiseau symbolique — se rongent elles-mêmes et vivent aux dépens de leur propre substance.

Le parlementarisme sacrifie les organes secondaires à l'organe central et ouvre la voie à tous les envahissements de l'Etat, conformément aux doctrines de la philosophie allemande.

Le parlementarisme n'est plus adéquat à l'état actuel de la société. Au début du siècle dernier, la suppression de tout corps intermédiaire entre l'individu et l'Etat, faisait d'un peuple, une masse unie et homogène à laquelle correspondait tout naturellement, un parlement unique et absolu, représentant l'universalité de tous les citoyens isolés les uns des autres. Mais les immenses progrès de l'idée d'association réalisés en dépit de la doctrine révolutionnaire, ont renversé les données du problème et la société politique qui présente aujourd'hui, par le groupement des intérêts les plus divers, au lieu de la masse unie et homogène de jadis, un ensemble composite, hétérogène et multiple, doit aboutir à son sommet, à la constitution d'une forme représentative ayant les mêmes caractères. En d'autres termes, la centralisation politique et parlementaire suppose une centralisation sociale qui n'existe plus, et chaque nouveau foyer d'activités autonomes accentue le déséquilibre entre la société et le pouvoir politique, dont il accélère la déchéance. Comme un fétiche, nous gardons superstitieusement, l'effet d'une cause disparue. Le parlementarisme est un vestige suranné, vêtement qui ne sied plus au corps qu'il doit vêtir, robe démodée d'aïeule portée par une petite-fille qui a mal tourné — tout au moins serait-ce l'avis de l'aïeule si elle vivait encore, mais elle est morte depuis longtemps avec les illusions de son temps !

Enfin, au grand spectacle de la guerre actuelle, ne peut-on ajouter que le parlementarisme est condamné par l'expérience ? C'est dans une période de crise, qu'une forme de gouvernement se jauche, s'affermit ou se condamne ; si elle est inférieure à la tâche, c'est qu'elle est morbide par nature.

Si l'on veut passer maintenant de la négation et de la critique, aux principes et aux systèmes, on voit sans peine, pour échapper aux vices constatés, les caractères spécifiques que devrait présenter la réforme demandée :

Autorité, continuité, unité dans le pouvoir exécutif.

Liberté, autonomie, contrôle dans les organes législatifs et administratifs.

Semblable régime est exclusif de l'unité parlementaire ; il ne peut être réalisé que par la formation de foyers puissants d'activités corporatives où en dehors de toutes questions de partis, le concours de chacun serait assuré en raison et dans la mesure de sa compétence : Ordre judiciaire groupant toute la judicature ; ordre scientifique et artistique réunissant les mandataires qualifiés de l'enseignement, des sciences, des beaux-arts ; industrie et travail où patrons et ouvriers seraient également représentés ; commerce ; finances ; agriculture (1).

Chacune de ces chambres professionnelles — véritables corps d'Etat — serait appelée sous la direction d'un ministre, à la gestion de ses intérêts particuliers en même temps qu'elle garderait une action sur la grande politique par le droit d'interpellation et le vote du budget général.

Ainsi, l'harmonieux effort des forces coordonnées assurerait l'épanouissement de l'ensemble.

VII

L'intérêt général et l'intérêt particulier

L'on voit immédiatement les avantages — et nous les avons déjà précisés — d'une organisation politique où les lois sur la finance, seraient faites par des financiers, les lois sur l'agriculture, par des agriculteurs, les lois sur le commerce, par des commerçants etc. ; mais on pourrait se demander quelle serait la situation si l'intérêt particulier de l'un de ces corps sociaux, devait s'incliner de-

(1) L'énumération correspond à peu près, à la liste et aux attributions des Ministères actuels, tant il est vrai que pour administrer un pays, force est bien de se plier au groupement de ses intérêts.

vant l'intérêt général proclamé par le gouvernement, joignant en assemblée plénière, une loi de
cette portée à la discussion des budgets. Répondons succinctement par un principe, un exemple,
deux applications.

La supériotité d'une forme de gouvernement
sur une autre, s'affirme par le degré de facilité
avec lequel l'intérêt général s'impose à l'intérêt
particulier et par voie de conséquence, par le plus
ou moins grand nombre de sacrifices exigés pour
atteindre ce but : la loi du moindre effort permet-
tant d'affirmer que moins un régime exigera de
sacrifices et plus facilement ils seront consentis.
Le problème se trouvant ainsi ramené à une opé-
ration de mathématique élémentaire, cherchons
à la lumière d'un incident récent, quel serait l'ac-
cueil réservé, dans deux régimes différents, à un
projet sur la fabrication de l'alcool.

M. Victor Cambon a raconté comment, con-
voqué devant une commission sénatoriale, il
voulut démontrer le tort fait aux intérêts français pendant la guerre, par les habitudes invé-
térées d'ivresse des dockers normands : « Tous les
sénateurs présents approuvèrent cette thèse et
plusieurs déclarèrent qu'il fallait supprimer l'alcool, mais aussitôt, l'un d'eux s'écria qu'il fallait
aussi respecter les bouilleurs de cru. Dès lors, une
discussion aigre-douce s'engagea ; de nombreuses
minutes y furent perdues et finalement quelqu'un
la clôtura par ces mots découragés : « Nous ne
pouvons décidément rien contre l'alcool. »

« Muet pendant cet incident, je ne pus m'empêcher de poser à la fin, cette question : « Mais alors, Messieurs les Sénateurs, si vous ne pouvez prendre en France, une mesure indispensable au salut du pays et qui a été réalisée en Angleterre, en Allemagne, en Russie et même aux Etats-Unis qui ne sont pas en guerre, que devons-nous en conclure ? »

« Quelques instants après, je me retirais, déconcerté d'avoir vu là, des hommes investis du droit de contrôler le Pouvoir, dont la bonne volonté est manifeste et qui se déclarent impuissants, grâce à leurs propres divisions, à accomplir les gestes qui nous sauveraient des méfaits de la bureaucratie et du fléau de l'alcoolisme (1). »

L'incident est symptomatique mais nullement surprenant car la suppression de l'alcool heurterait l'intérêt électoral de tous — ou presque tous — les parlementaires. Cette loi d'intérêt général au premier chef, aura donc peu de chances d'aboutir dans le régime actuel : la somme des sacrifices demandés est trop considérable.

En serait-il de même dans un régime comme celui dont nous avons tenté d'esquisser les grandes lignes ?

Il saute aux yeux que la situation n'est plus du tout la même : les membres des chambres représentant les Sciences ou le Droit par exemple, n'auraient rien à craindre en la matière, de leurs mandants. Seul, le corps d'Etat comprenant les représentants des bouilleurs de cru, devra s'incliner

(1) *Echo de Paris*, 3 avril 1916.

et encore est-ce aller trop loin : seuls, dans son sein, les mandataires directs de cette branche de l'industrie, verront leurs intérêts politiques compromis. Ainsi, la diversité d'origine des organes représentatifs assure leur liberté de pensée et d'action.

Que le lecteur compare ces situations et conclue dans lequel des deux régimes, l'intérêt général a le plus de chances de l'emporter.

VIII

La victoire qui ne divise pas

Quelle nuance d'opinions ou de partis — en dehors du politicien dont la discorde civile est la seule raison d'être — se trouverait lésée par ce système ?

Il n'exige aucune abdication. Les socialistes tout en gardant la faculté de défendre leurs revendications, verraient les intérêts du prolétariat mieux sauvegardés dans des Chambres de métier où ils se trouveraient en face de patrons avec lesquels en fait, en attendant le grand « chambardement », ils sont forcés de vivre à l'usine (1). Mais quelle

(1) Il est à remarquer que le système n'exclue, *a priori*, pour la désignation de ces mandataires professionnels — et par conséquent parmi des compétents — aucun mode

sera exactement après les leçons de la guerre, la pensée socialiste, et que ne peut-on attendre d'hommes qui ont le courage d'écrire des lignes comme celles-ci : « Après que pendant des mois et des années, riches et pauvres, nous aurons combattu dans les mêmes tranchées, enduré les mêmes souffrances, affronté les mêmes périls, nous irions empêcher le relèvement du pays par une politique qui opposerait les classes les unes aux autres et rétablirait entre elles, la barricade que la grande guerre a renversée ! — Non, merci ! (1). »

Et malgré la noblesse de ces dévouements qui s'offrent et la grandeur de la tâche à accomplir, nous conserverions un système politique qui par le seul jeu de son mécanisme, en dépit de toutes les volontés contraires, relèverait la barricade des partis et les précipiterait les uns contre les autres, avec une furie nouvelle ?

La même générosité se retrouve dans la pensée catholique qui, au spectacle journalier de la mort, a pénétré à nouveau, l'âme de la jeunesse, frémissante de l'enthousiasme apostolique d'Ernest Psichari. Comment l'Eglise, maternelle, ne souhaiterait-elle point de garder ces enfants venus à elle dans la souffrance, des quatre coins de l'horizon,

électif, y compris le plus rudimentaire de tous, le suffrage universel. Néanmoins, il est intéressant de noter que, sauf erreur, les socialistes ont adopté dans leurs Congrès, la représentation par syndicat et le vote par ordre.

(1) Gustave Hervé : « Le Socialisme National », *La Victoire*, 3 avril 1916.

en effaçant à jamais les étiquettes de partis oubliées aujourd'hui? (1).

Les troupes françaises cantonnées près de la ville d'..., pendant l'effroyable bombardement qu'elle subit, furent un jour, témoins d'un spectacle émouvant. Au milieu des incendies allumés de toutes parts, le vieux curé de l'une des paroisses, après avoir, pendant de longues semaines, étroitement collaboré avec un échevin anticlérical, à la gestion des intérêts publics, se sauvait à travers les rues en ruines, emportant dans ses deux bras fermés, pour le mieux sauvegarder des flammes, le drapeau de l' « Alliance radicale ». — N'y a-t-il point dans cet épisode, un symbole, et dans ce geste, un exemple?

Cherchons la victoire qui ne divise pas !

IX

Conclusion

Beaucoup de ces idées ne sont point nouvelles ; elles ont été défendues avec des modalités

---

(1) « Il y a en chacun de nous, un sentiment plus profond que l'intérêt personnel, que les liens du sang et la poussée des partis, c'est le besoin et par suite, la volonté de se dévouer à l'intérêt général. » Cardinal Mercier, *Patriotisme et Endurance*, Noël 1914.

diverses et sans acception de partis, en France, en Italie, en Belgique, pour ne citer que ces trois pays, par des hommes de valeur (1). Ce qui est nouveau, c'est la situation actuelle et les besoins qu'elle fait sentir, transformant des thèmes d'Ecoles en nécessités de vie, au milieu d'une crise qui a permis d'opposer aux imprévoyances militaires comme aux indécisions et aux tâtonnements diplomatiques des pays parlementaires — même la Grande-Bretagne — l'étonnante force d'organisation, la coordination des efforts, la ténacité de desseins et la continuité de vues d'un Empire détesté dont, tout en rejetant le principe autocratique, on ne peut nier certains des avantages.

On parle de Ligue économique contre l'Allemagne, et j'y applaudis, mais ces projets ne décèlent-ils point une certaine inquiétude de la part de nations qui, malgré la victoire des armes, pourraient être placées par l'instabilité et l'insécurité de leur régime politique, dans une situation d'infériorité vis-à-vis d'un adversaire vaincu, doué des vertus opposées à ces graves défauts (2)? Des barrières artificielles suffiront-elles à y remédier ?

(1) En France, dès le lendemain de la guerre de 1870, par M. de la Tour du Pin et son groupe; en Italie, par le professeur Toniolo; en Belgique, par MM. Helleputte, Prins ; etc.

(2) « La concurrence déloyale de l'Allemagne avant la guerre, son système de primes, son accaparement systématique à l'étranger des entreprises financières, industrielles et com-

Au lieu de s'arrêter aux effets, ne vaudrait-il pas mieux de remonter aux causes et fortifier l'organisme plutôt que d'abriter sa faiblesse ?

Enfants de la tempête, désabusés de toutes les vaines doctrines et de la piperie des formules creuses, fatigués des discussions stériles, mais ardents à la recherche de la vérité poursuivie sans préjugé, au sein du plus formidable conflit qui jamais ait secoué l'humanité, nous aspirons en même temps, de toute la force de nos énergies tendues, à la paix extérieure dans la justice, à la paix intérieure dans la concorde, et oublieux nous-mêmes des luttes intestines et fratricides, nous rêvons chez tous, à quelque immense et définitif apaisement. L'histoire de demain — à défaut de celle d'hier — répondra peut-être à ce vœu que, consciemment ou inconsciemment, formulé tout haut ou murmuré tout bas, tous ceux qui combattent nourrissent dans leur âme, au fond de leurs tranchées, comme il illumine ma pensée d'une radieuse et pacifiante vision au moment où je termine ces notes dans le bruit de la bataille, dont le grondement tout proche fait trembler sous ma main, la page inachevée.

merciales pour préparer une mainmise sur tous les marchés du monde, toute cette vaste organisation qui, comme l'espionnage militaire et politique, s'étendait depuis les dix dernières années, sur tous les continents, est prête à fonctionner de nouveau. » (*Le Temps*, 13 avril 1916.)

TABLE DES MATIÈRES

PARIS

IMPRIMERIE ARTISTIQUE « LUX »

131, Boulevard Saint-Michel.

www.ingramcontent.com/pod-product-compliance
Lightning Source LLC
Chambersburg PA
CBHW061625060726
47597CB00005B/1811